THÈSE

POUR

LA LICENCE

MEIS ET AMICIS

THÈSE

POUR

LA LICENCE

SOUTENUE

EN EXÉCUTION DE L'ARTICLE 4, TITRE 2, DE LA LOI DU 22 VENTÔSE AN XII,

Par M. VIGNIAUX (Paul),

Né à Toulouse (Haute-Garonne).

JUS ROMANUM.

De Condictione indebiti.

DIG., Lib. XII, Tit. VI. — INST. JUST., Lib. III, Tit. XXVII, § 6.

Obligatio est vinculum juris, quo necessitate adstringimur, alicujus rei solvendæ, secundum nostræ civitatis jura. Obligationes nascuntur ex contractu vel quasi ex contractu, ex delicto vel quasi ex delicto. Condictionis indebiti definitio, inter obligationes quasi ex contractu natas, eam constituit.

Indebiti solutio est quasi contractus, quo per errorem facti ille qui solvit, sibi accipientem obligat.

Quasi contractus, non enim ex voluntate sed ex re nascitur hæc obligatio. Accipiens sese invitum obligatur.

Per errorem facti, si quis enim indebitam rem alii in solutione dedit, hanc repetere potest, si ignorans, si sciens autem nequit; nam ille qui indebitum dedit hac mente ut posteà repeteret, repetere non potest.

Per errorem facti dixi : repetere enim non posset qui per errorem legis solvisse diceret; nemo ignorare legem debet, auxilio sibi hæc non potest ergò venire ignorantia.

Potiùs ex distractu quam ex contractu hæc nasci videtur obligatio; nam qui per errorem facti pecuniam dedit, non habet animum contrahendæ obligationis, ut in mutuo, sed potiùs distrahendæ : ille tamen qui accepit, quasi ex mutuo obligatur, alienam rem habet illam reddere debet; nemo enim nihil retinere potest, nisi quod sibi justâ causâ in possessione venit. Datur ergò semper condictio cui solvit sine causâ vel causâ non secutâ.

Si tibi centum do nummos ut aliquid sequatur, repetere possum, quo non sequente. Repetere etiam possum quæ tibi solvi, si jure non valuerunt pacta; nam quod causâ eorum solutum fuit, indebitum est.

Ex æquo et bono, hæc introducta est actio, nemo enim alieno nummo locupletior fieri potest. Sed omninò indebitum debet esse solutum. Non satis esset nullam fuisse soluti obligationem civilem, sed et naturalem : qui naturalem solvit obligationem indebitum non dat.

Quid autem si quis debitam rem solvit cum illi perpetua esset exceptio? Pretorianum jus hanc indebiti solutioni similem facit, et creditori condictionem indebiti dat si perpetuam ignorans exceptionem solvit, si sciens autem non concedit; quippe liberalitatem fecisse videtur, si exceptionem cognoscens solvit.

Indebiti soluti naturalis est condictio, et ideò quod rei solutæ accessit venit in condictionem.

Sed quæ sunt ea quæ reddi debent? Ea tantummodò quæ debitori

prosunt; non voluit lex Romana aliquem alterius detrimento locuple-
tiorem fieri indebita solutione; veniunt ergò in condictione ancillæ par-
tus, fructus rei, alluviones, omnia demùm quæ percepit debitor eique
commodo fuerunt. Alia autem non debet.

Fructus rei, sed non usuræ pecuniæ indebitæ; illi qui usuras in-
debitas solvit, non incumbit condictio, naturalem enim solvisse videtur obligationem. Sed si suprà legem solvit usuras, ei non erit, equi-
dem, vindicationis locus, imputare autem sorti poterit : et si sortem
solvit, vindicatio ei remanet ut sortis indebiti.

Si indebitæ res solutæ fuerunt quæ numero, mensurave constant,
is qui eas accepit eamdem quantitatem reddere debet, redditæ res
futuræ ejusdem generis ejusdemque pretii.

Si quis duobus creditoribus sese obligatum credens, dùm tantummodò uni vel alteri deberet, eos solvit, indediti condictionem habet ;
sed si interdùm, nullâ debitoris culpâ, desiit rerum una; liberatur
debitor aliaque res in solutione data fuisse videtur.

Multi numerantur legibus Romanis condictionis casus, præcipuos
exposui; in omnibus hanc invenimus regulam, ut condictionem indebiti legislator dedit illis qui per errorem solverunt, recusavit contrà
illis qui, vel obligationis naturalis causâ solverunt, nam si actioni
locum dare non potest ad ratihabitionem solutionis sufficit, vel repe-
titionis voluntate, vel non ignorantibus se solutionem non debere.

Non dat etiam condictionem quandò a pietate causatur error. V. G.
Si se credens pro dote obligatam mulier aliquid dotis nomine dedit.

Demum eam recusat generaliter omnibus iis in casibus in quibus
lis crescit in duplum inficiando, quia qui ex iis causis solvit, transac-
tionis causâ cum adversario, aut saltem ut periculum effugeret, solvisse videtur. Neque oportet lites transactione finitas iterum in judi-
cium revocare.

Ut in aliis juris partibus, hic etiam propriis teguntur pupillus, pro-
digus, furiosusque regulis. Ità si aliquid indebitum solverunt, vindicare
rem possunt dùm adhuc exstitit, illis si consummata fuit bonâ fide
condictio indebiti remanens. Si contrariam facimus hypothesem vide-

bimus, solummodò illos teneri necessitate reddendi inter eas quæ eis solutæ fuerunt, quæ in lucro venerunt.

Et dùm si quis capax, absolutus judice, sua sponte solverit repetere non potest, nam hoc facto obligationem suam recognoscere videtur; pupillo, furioso, interdicto semper erit vindicationis locus.

POSITIONES.

I. Nùm datur condictio ei cujus nomine solutum fuit, vel ipsi qui alterius nomine solvit? —- Ei cujus nomine solutum fuit.

II. Quid si per plures solvitur indebitum in quantitate? — Cuilibet pro ratâ competit repetitio.

III. Nùm competit etiamsi renunciatum sit repetitioni? — Etiam.

CODE NAPOLÉON.

Du Cautionnement

Liv. III. Titre XIV.

CHAPITRE 1er

**Notion du cautionnement comme contrat spécial de garantie.
Objet de ce titre.**

Cautionnement, de *cautio* (sûreté, garantie), signifierait, d'après son étymologie, tout ce qui sert à diminuer les risques et périls du créancier ; mais le Code lui donne une signification beaucoup plus restreinte. L'art. 2011 nous dit :

« Celui qui se rend caution d'une obligation , se soumet envers le créancier à satisfaire à cette obligation, si le débiteur n'y satisfait pas lui-même. »

Par le cautionnement, un tiers s'engage donc à désintéresser le créancier dans le cas où le débiteur ne pourrait le faire. De là naissent différents rapports que nous aurons à étudier successivement : rapports entre la caution et le créancier ; rapports entre la caution et le débiteur.

Avant d'aborder cette partie du sujet , nous devons nous attacher à indiquer d'une manière précise la nature et l'étendue de ce contrat.

Le contrat de cautionnement est accessoire, de bienfaisance, consensuel et unilatéral ; il peut garantir toute espèce d'obligation civile ou naturelle , conditionnelle ou à terme , actuelle ou future ; il se prête à tous les cas où une personne a besoin de crédit.

Accessoire. — Puisque la caution intervient pour garantir une obligation préexistante; il en résulte que le cautionnement ne peut soutenir qu'une obligation soutenable, et que sa validité chancelle et
s'évanouit quand celle-ci s'écroule. Il peut ajouter une garantie de
plus à l'obligation principale, il ne peut aller au-delà ; il n'a pas été
admis dans le droit pour faire valoir ce qui, en soi, n'était pas valable.

De son caractère de contrat accessoire il résulte encore, que l'obligation de la caution ne peut dépasser celle du débiteur principal ;
tandis qu'elle peut être moindre. Par cette expression, *ne peut dépasser*, on doit entendre qu'elle ne peut pas promettre plus que le débiteur, pouvant toujours s'engager plus rigoureusement. Interpréter
autrement l'art. 2013, c'est se mettre en dehors de l'esprit de la loi.
L'essence du cautionnement n'est pas attaquée par l'obligation plus
rigoureuse de la caution. Être obligé plus rigoureusement, ce n'est
pas être obligé par un lien différent, c'est être obligé par un lien plus
efficace, et rien n'empêche la caution d'être tenue *efficaciùs*.

Qu'arriverait-il si la dette était annulable ; soit le cas où elle a cautionné un mineur ? La caution resterait toujours engagée. Ici, en effet,
elle joue pour ainsi dire un rôle principal : connaissant l'incapacité du
mineur, le tiers n'aurait pas traité avec lui, ce n'est qu'eu égard à la garantie de la caution qu'il a contracté. Cette garantie, partie essentielle
au contrat, la loi ne pouvait pas la lui enlever ; elle peut annuler
l'obligation du mineur, elle ne peut annuler celle de la caution. La
protection qu'elle accorde au mineur explique pourquoi elle rend sa dette
annulable, rien ne justifierait le même bénéfice accordé à la caution.

La même raison de décider n'existerait pas si, au lieu d'être simplement annulable, la créance était nulle de plein droit. La caution n'a
pu s'engager, une dette nulle de sa nature ne peut donner naissance
à aucune obligation, V. G., *la dette de jeu*. Le cautionnement ne peut
la soutenir ; s'il en était autrement, que deviendrait l'art. 1965. C. C.,
qui ferme aux joueurs l'accès des tribunaux ? Qu'importerait que le
perdant ne fût pas obligé de payer directement au gagnant, s'il était
obligé d'indemniser le fidéjusseur qui aurait payé ce même gagnant ?

De bienfaisance. — La caution ne se réserve aucun avantage : elle a simplement pour but, en ajoutant sa garantie à celle du débiteur, de permettre à ce dernier de contracter à des conditions plus avantageuses. Ce contrat est donc de bienfaisance vis-à-vis du débiteur, il prend aussi quelquefois ce caractère vis-à-vis du créancier. La caution peut, en effet, intervenir après le contrat et sans utilité pour le débiteur. Elle vient donner au créancier une sûreté qu'il n'a pas exigée, elle agit donc entièrement dans son intérêt. Le cautionnement est alors une espèce de donation sous condition suspensive, et sera, pour ce fait, soumis aux formalités des donations.

Consensuel. — Il se forme, en effet, par le consentement des parties : le créancier accepte la caution, la caution consent à garantir l'obligation. Le cautionnement est toujours exprès : il ne faudrait pas confondre la caution avec celui qui ne fait que recommander. Celui qui recommande ne serait en effet tenu que s'il y avait eu dol de sa part, si le créancier n'avait contracté avec le débiteur qu'en considération des renseignements donnés par lui. Il se trouverait engagé par son dol, et le créancier pourrait répéter contre lui le paiement, si le débiteur ne satisfaisait pas à ses engagements. Il ne serait au contraire nullement engagé, s'il n'avait fait que donner de simples renseignements, lors même qu'ils auraient influé sur la détermination prise par le créancier.

Unilatéral. — La caution s'est engagée envers le créancier, mais celui-ci n'a rien promis en retour. Il n'existe donc qu'une seule obligation, celle de la caution envers le créancier.

Le cautionnement est de droit étroit ; il ne doit pas s'étendre d'une chose à une autre, d'une personne à une autre. Si je n'ai cautionné que le principal d'une dette, on ne pourra pas venir me réclamer les intérêts, on ne pourrait pas non plus étendre mon obligation au renouvellement d'une Société. Que la fixation soit expresse ou qu'elle résulte de la nature des choses, il n'importe : on ne doit pas en dépasser les limites et aggraver la position déjà si onéreuse de la caution.

Mais si le cautionnement d'une dette s'est fait généralement, c'est-à-dire s'il n'a pas été restreint à telle ou telle obligation, il s'étendra de plein droit au capital, aux intérêts, aux dommages et intérêts résultant de l'inexécution de l'obligation, et même aux frais que le créancier aura été obligé de faire pour le recouvrement de la dette. Toutefois, la caution devrait être prévenue dès le commencement des poursuites, elle pourrait autrement se faire décharger des frais ultérieurs. Prévenue à temps, elle aurait pu éviter tous ces frais en payant immédiatement : la faute du créancier ne peut rendre son obligation plus onéreuse.

CHAPITRE II.

De l'accomplissement de l'obligation de fournir caution, et des qualités que doit réunir la caution.

Toute caution doit être solvable, capable de s'engager, domiciliée dans le ressort de la Cour impériale où elle doit être donnée. (Art. 2018).

Capable. — De quelle utilité serait pour le créancier l'engagement pris par un mineur, par une femme mariée non autorisée. Ce cautionnement serait tout-à-fait illusoire, la loi déclarant les obligations contractées par les mineurs annulables dans tous les cas.

En exigeant que la caution fût domiciliée dans le ressort de la Cour impériale où elle doit être donnée, le législateur a voulu éviter des retards et des frais, qui deviendraient inévitables si le créancier était obligé d'aller poursuivre la caution dans des pays éloignés.

Solvable. — A quoi devra-t-on s'attacher pour déterminer cette solvabilité? La propriété foncière sera seule prise en considération. Les meubles ne seront pas compris dans l'évaluation qui sera faite de la fortune de la caution proposée. La grande facilité avec laquelle on peut aliéner les biens mobiliers a fait considérer cette garantie comme insuffisante.

On devrait cependant tenir compte de la fortune mobilière en matière commerciale, si la caution proposée était un commerçant ; car le plus souvent la fortune des commerçants est mobilière, et leur crédit est fondé autant sur leur bonne réputation que sur leurs biens.

Toute caution doit être solvable, avons-nous dit, et cela non-seulement à l'époque où le contrat a été passé, mais encore jusqu'à l'échéance. Le créancier a exigé une caution pour s'assurer invinciblement de l'exécution de l'acte, il a été dans son intention d'avoir une caution toujours solvable et qui offrît une garantie réelle jusqu'à l'exécution effective de l'engagement. Le débiteur est donc garant de la solvabilité de la caution qu'il a donnée. Par conséquent, si pendant l'intervalle la garantie résultant du cautionnement venait à cesser, le débiteur devrait fournir une nouvelle caution.

L'art. 2020 *in fine*, ne nous cite qu'un seul cas où cette obligation cesse pour le debiteur :

« Cette règle reçoit exception dans le cas seulement où la caution n'a été donnée qu'en vertu d'une convention par laquelle le créancier a exigé une telle personne pour caution. »

Telle est la règle générale relative au cautionnement : solvabilité, capacité et domicile de la caution dans le ressort de la Cour impériale où elle doit être donnée. A cette règle générale viendront se rattacher certaines règles particulières suivant que la caution sera, conventionnelle, judiciaire ou légale. C'est ainsi que tandis que la loi accorde le bénéfice de discussion aux cautions conventionnelles et légales, elle le refuse aux cautions judiciaires. Par contre, elle permet à celui qui est tenu de donner une caution judiciaire, de fournir à la place un gage ou nantissement. Les engagements des cautions judiciaires étant bien plus rigoureux que ceux des cautions conventionnelles, le débiteur eut été souvent dans l'impossibilité d'en trouver une. Le législateur a étendu cette faveur au débiteur tenu de donner caution légale. Mais cette facilité n'est pas accordée à celui qui s'est obligé par convention à fournir une caution. Il a fait lui-même sa condition : il doit remplir son engagement d'une manière précise. Le créancier qui a stipulé qu'une caution lui serait fournie, peut d'ailleurs avoir de bonnes raisons pour préférer ce genre de sûreté à un gage ou à un nantissement.

CHAPITRE III.

Section 1re. — **De l'effet du cautionnement entre le créancier et la caution.**

Art. 2011 : « Celui qui se rend caution d'une obligation, se soumet envers le créancier à satisfaire à cette obligation , si le débiteur n'y satisfait pas lui-même. »

Cet article semble dire que l'obligation de la caution n'est que conditionnelle , qu'ainsi elle ne sera appelée à payer que si le débiteur se trouve dans l'impossibilité de satisfaire à son engagement. Le créancier devrait donc commencer par exproprier le débiteur avant d'avoir recours à la caution.

Telle n'est pas la volonté de la loi, elle s'en explique très clairement à l'art. 2022 : « Le créancier n'est obligé de discuter le débiteur principal que lorsque la caution le requiert , sur les premières poursuites dirigées contre elle. »

C'est ce que l'on appelle le bénéfice de discussion. Il consiste donc dans cette faculté accordée à la caution de demander, lorsqu'elle est actionnée en paiement, et sur les premières poursuites , la discussion préalable des biens du débiteur.

L'art. 2023 nous indique de quelle manière devra être faite cette demande. La caution, nous dit-il, ne pourra pas requérir la discussion d'une manière générale : elle devra faire connaître au créancier la situation des biens du débiteur principal , ne pouvant lui indiquer ni des biens situés hors de l'arrondissement de la Cour du lieu où le paiement doit être fait, ni des biens litigieux , ni ceux hypothéqués à la dette qui ne sont plus en la possession du débiteur ; elle devra en outre, avancer les deniers nécessaires pour faire la discussion.

Ces différentes mesures sont prises tantôt dans l'intérêt du créancier, tantôt dans l'intérêt de la caution. La caution intervenant au contrat, mue par un sentiment de bienveillance et de générosité, devait naturellement intéresser le législateur ; il ne pouvait cependant pas lui sacrifier les intérêts du créancier. C'est dans le but de concilier les uns et les autres qu'il a introduit ces divers tempéraments au bénéfice de discussion.

La caution doit donc, dès les premières poursuites, opposer son exception au créancier, après quoi elle est déchargée de sa responsabilité, jusqu'à concurrence de la valeur des biens indiqués : l'insolvabilité future devant retomber sur le créancier. Il est naturel, en effet, que chacun subisse les conséquences de ses fautes. Or, le créancier a à se reprocher sa négligence ; s'il avait poursuivi immédiatement le débiteur, il aurait été payé : la caution, au contraire, a fait ce qu'elle devait, si elle a rempli exactement l'obligation que la loi lui impose. Elle est donc libérée de son engagement, et le créancier ne pourrait la poursuivre que pour l'excédant de la dette.

Mais la caution ne pourrait pas invoquer ce bénéfice : si elle laissait passer les premières poursuites sans se prévaloir de son exception, si elle y avait renoncé expressément dans le contrat ou tacitement en s'engageant solidairement avec le débiteur, si enfin elle était caution judiciaire.

On entend par caution solidaire, celle qui s'est engagée solidairement avec le débiteur. Elle pourrait donc être poursuivie au gré du créancier avant même le débiteur principal. Il ne faudrait pas, toutefois, la confondre avec le débiteur solidaire. Vis-à-vis du créancier leur position est, il est vrai, la même ; mais elle diffère d'une manière notable après le paiement. La caution solidaire, en effet, a son recours de plein droit contre le débiteur, elle n'a aucune preuve à faire pour réclamer son remboursement : Le débiteur solidaire devrait au contraire, avant de pouvoir recouvrer la somme par lui payée, prouver que la créance avait été consentie dans l'intérêt seul de son co-débiteur ; qu'il n'y avait eu aucune part, et qu'en définitive il a joué le rôle d'une caution solidaire.

A côté du bénéfice de discussion, et établi toujours dans l'intérêt de la caution pour tempérer autant que possible la rigueur de son obligation, nous trouvons un nouveau bénéfice : le bénéfice de division. Cette action ne produira d'effet que dans le cas où le débiteur sera à la fois cautionné par plusieurs personnes. Par le cautionnement, elles se trouvent toutes engagées *in solidum* ; le créancier peut donc agir contre celle qu'il lui plaira de choisir, sauf le recours de celle-ci contre ses co-fidéjusseurs. Mais si, au lieu de payer, la caution demande la division de la dette, le créancier sera tenu de diviser sa créance et la caution sera libérée envers lui en payant sa part et portion. Cette division ne profitera qu'à la caution seule qui l'aura demandée ; relativement aux autres, elle sera de nul effet, sauf à celles-ci à l'invoquer à leur tour. Le créancier ne serait cependant admis à les poursuivre que jusqu'à concurrence de la somme qui resterait due, déduction faite des paiements antérieurs.

Quelles seront les cautions que l'on devra comprendre dans la division qui sera faite? Celles-là seulement devront y être comprises qui se trouveront solvables au moment de la demande en division et dont l'obligation est valable. Le créancier qui a veillé à ses intérêts par l'intercession de plusieurs fidéjusseurs, ne doit pas souffrir de ce que quelques-uns sont insolvables ou restituables contre leurs engagements. C'est précisément parce qu'il a prévu cette éventualité, qu'il a exigé plusieurs fidéjusseurs. Admettre donc indistinctement toutes les cautions, c'est porter atteinte aux droits légitimes du créancier, c'est accorder à l'un une faveur au préjudice de l'autre ; ce qui est contraire à tout principe d'équité. Que l'on suppose, en effet, trois fidéjusseurs dont un insolvable : si l'on divisait la créance en trois portions, un tiers resterait sans paiement, ce qui n'aurait pas eu lieu si le créancier avait été reçu à poursuivre chaque caution pour le tout. Le même fait se reproduirait, si au lieu d'un insolvable nous supposons une femme mariée qui a agi sans l'autorisation de son mari, ou un mineur : Dans ce cas encore, le créancier éprouverait un dommage par suite de la division par tête de sa créance.

Pour qui seront les insolvabilités futures?

A partir du moment où la division a eu lieu, la caution qui l'a réclamée se trouve entièrement libérée en payant sa cote-part fixée par la division de la créance : c'est ce que nous dit l'art. 2026 *in fine*. Elle ne pourrait donc pas être recherchée pour les insolvabilités survenues après cette division.

Il résulte des termes de l'art. 2027, que le créancier qui a volontairement divisé sa créance, sera privé non-seulement de tout recours pour les insolvabilités futures, comme dans le cas prévu par l'article précédent, mais même pour les insolvabilités antérieures, et dont il n'aurait pas eu connaissance lors de la division.

Toutes les cautions ne pourront pas invoquer le bénéfice de division. Devraient être renvoyées de leur demande, celles qui y auraient renoncé expressément dans le contrat : les conventions, pourvu qu'elles ne soient ni illicites, ni immorales, font toujours loi entre les parties; ni celles qui se seraient engagées solidairement avec le débiteur.

Mais tandis que le bénéfice de discussion doit être opposé *in limine litis* avant toute défense au fond, le bénéfice de division peut toujours être invoqué par la caution tant qu'il n'y a pas contre elle jugement en dernier ressort ou ayant force de chose jugée. Cette différence provient de la nature même de ces deux exceptions. Le bénéfice de discussion n'est qu'une simple exception dilatoire; le bénéfice de division, au contraire, est une véritable défense péremptoire.

SECTION II, § 1er. — **De l'effet du cautionnement entre le débiteur et la caution.**

Considérée dans ses rapports avec le créancier, nous avons vu que la caution jouissait de deux bénéfices : le bénéfice de discussion et le bénéfice de division. Nous allons maintenant en étudier un nouveau que la loi lui accorde dans ses rapports avec le débiteur : c'est le bénéfice de subrogation.

Art. 2028. La caution qui a payé a son recours contre le débiteur principal, soit que le cautionnement ait été donné au su ou à l'insu du débiteur.

Ce recours a lieu tant pour le principal que pour les intérêts et frais ; néanmoins, la caution n'a de recours que pour les frais par elle faits depuis qu'elle a dénoncé au débiteur principal les poursuites dirigées contre elle.

Elle a aussi recours pour les dommages et intérêts, s'il y a lieu.

Il était juste que le fidéjusseur qui a libéré le débiteur de ses obligations avec l'intention de lui rendre un service et non de lui faire une donation, eût une action contre lui pour se faire pleinement indemniser. Nul ne doit s'enrichir aux dépens d'autrui ; nul ne doit être victime du service qu'il a rendu. Ces principes d'équité seraient blessés si le fidéjusseur restait à découvert. Cette action dont il a besoin, il la trouve dans la subrogation.

Art. 2029. La caution qui a payé la dette, est subrogée à tous les droits qu'avait le créancier contre le débiteur.

La subrogation a donc lieu de plein droit et la caution n'aurait pas besoin, comme autrefois, de la réclamer avant de faire le paiement ; son recours par cette voie est né le jour où elle a désintéressé le créancier. Il ne faudrait pas cependant conclure de là qu'elle pourra toujours répéter contre le débiteur. L'art. 2031 nous indique certains cas où ce recours cesse complètement :

« La caution qui a payé une première fois n'a point de recours con-
» tre le débiteur principal qui a payé une seconde fois, lorsqu'elle ne
» l'a point averti du paiement par elle fait ; sauf son action en répéti-
» tion contre le créancier.

» Lorsque la caution aura payé sans être poursuivie et sans avoir
» averti le débiteur principal, elle n'aura point de recours contre lui
» dans le cas où, au moment du paiement, ce débiteur aurait eu des
» moyens pour faire déclarer la dette éteinte ; sauf son action en ré-
» pétition contre le créancier. »

La caution a agi avec imprudence dans ces divers cas, il est donc juste qu'elle subisse la peine de sa faute. Elle n'a pas d'action contre le débiteur ; mais elle pourra, par la *condictio indebiti*, répéter contre le créancier les sommes qu'elle lui a indûment payées. La loi pouvait bien et devait même lui refuser, comme elle l'a fait, tout recours contre le débiteur, car le paiement qu'elle a fait ne lui a pas profité ; mais elle devait lui laisser le recours contre le créancier : car nul ne peut s'enrichir au détriment d'autrui.

L'action par subrogation n'est pas la seule qui existe au profit de la caution. Dans le droit primitif romain, cette action était inconnue : la caution ne pouvait agir contre le débiteur que par l'action *mandati contrariâ*, si le paiement avait été fait du consentement du débiteur, ou *negotiorum gestorum*, s'il avait été fait à son insu. Plus tard fut introduit le bénéfice de cession d'action. Par cette cession d'action, la caution était censée, non pas payer le créancier, mais lui acheter sa créance ; par ce moyen, la caution se trouvant au lieu et place du créancier, pouvait invoquer à son secours tous les moyens de défense qu'il aurait pu invoquer lui-même. Ce n'était pas une nouvelle créance, comme dans l'action *mandati contrariâ* ou *negotiorum gestorum*, qui prenait naissance, c'était l'ancienne qui passait entre les mains de la caution avec ses garanties et hypothèques.

C'est ce système de cession qui fut d'abord accepté par le Droit français ; modifié dans la suite par le Code, il est devenu notre action en subrogation. Malgré le grand avantage que ce bénéfice présente à la caution qui s'est rigoureusement conformée aux prescriptions de la loi, il existe cependant des cas où elle devrait agir de préférence par les autres moyens de recours.

Si nous supposons, par exemple, le cas où une caution a payé une créance improductive d'intérêts, par l'action en subrogation elle aura simplement un recours pour le capital ; par l'action *mandati contrariâ* ou *negotiorum gestorum*, elle pourrait, au contraire, répéter non-seulement le capital, mais encore les intérêts, du jour où elle a fait le paiement. Il y aurait donc avantage pour elle à agir par l'une ou l'autre de ces actions, surtout si la créance n'était garantie par aucun gage ni hypothèque.

La caution devra donc consulter ses intérêts avant d'agir par telle ou telle action. Elle a le choix entre deux actions ; mais rien que le choix. Choisissant l'une, elle renonce par ce seul fait à l'autre ; elle ne pourrait donc ni user des deux, ni abandonner celle qu'elle aurait primitivement choisie, pour employer l'autre.

Le recours de la caution portera tant sur le principal que sur les intérêts et frais. L'art. 2028 a soin de préciser la signification de ce mot *frais*. Le débiteur n'est obligé à restitution que pour ceux qui auront été faits depuis le moment où la caution lui aura dénoncé les poursuites dont elle est l'objet. Si donc elle agit par elle-même, les frais retomberont sur elle. Le créancier a intérêt à connaître ces poursuites ; il pouvait, en effet, les éviter en payant immédiatement : sa position empirerait donc par le fait d'autrui ; la loi ne pouvait le permettre.

Nous avons, jusqu'ici, considéré le cas où le fidéjusseur a garanti l'obligation d'un seul. Qu'arriverait-il si la dette cautionnée avait été contractée par plusieurs? Une distinction devient nécessaire. Les débiteurs sont-ils solidaires, la caution qui a payé a son recours entier contre chacun ; sont-ils simplement conjoints, son recours est divisé comme leur dette ; elle ne peut agir contre chacun que pour sa part et portion.

§ 2. — **La caution ne peut-elle pas, avant d'avoir payé, agir contre le débiteur ?**

Nous avons vu la loi venir au secours du fidéjusseur pour le rendre indemne de tout ce dont il a pu être mis à découvert par suite du cautionnement. Mais cette protection ne saurait être la seule que le fidéjusseur puisse réclamer ; il ne suffit pas de réparer le dommage éprouvé, il est sage aussi de le prévenir. Quand le fidéjusseur éprouve la juste crainte d'être inquiété, pourquoi ne pourrait-il pas contraindre le débiteur à faire cesser le péril? Faut-il nécessairement attendre l'évène_ment? Evidemment non : il y aurait injustice à ne pas permettre à la caution de prendre certaines mesures que lui dicte sa prudence. Les cas dans lesquels ce recours anticipé lui sera permis, l'art. 2032 nous les énumère :

La caution, même avant d'avoir payé, peut agir contre le débiteur pour être par lui indemnisée :

1° Lorsqu'elle est poursuivie en justice pour le paiement ;

2° Lorsque le débiteur a fait faillite ou est en déconfiture ;

3° Lorsque le débiteur s'est engagé à lui rapporter sa décharge dans un certain temps ;

4° Lorsque la dette est devenue exigible par l'échéance du terme sous lequel elle avait été contractée ;

5° Au bout de dix années, lorsque l'obligation principale n'a pas de terme fixe d'échéance, à moins que l'obligation principale, telle qu'une tutelle, ne soit pas de nature à pouvoir être éteinte avant un temps déterminé.

1° *Lorsqu'elle est poursuivie en justice pour le paiement.* La caution a le choix entre deux partis : défendre seule ou appeler en cause le débiteur. Le second est le plus prudent. Si elle défend seule, en effet, le débiteur ne sera nullement engagé par le jugement rendu ; ce sera pour lui *res inter alios acta ;* il pourra dònc repousser les poursuites de la caution qui devra alors intenter contre lui une action principale, action dans laquelle elle succombera, si le débiteur prouve qu'il avait des moyens de faire déclarer sa dette éteinte, qu'elle n'eût pas été condamnée s'il eut été appelé au procès. En admettant même que le débiteur consentît à payer la somme principale, il pourrait toujours refuser les frais. Il dira, en effet, à la caution : Vous avez eu tort de plaider, c'est donc à vous à supporter les frais du procès.

2° *Lorsque le débiteur est en faillite ou en déconfiture.* Elle peut se présenter à la faillite à la place du créancier, si celui-ci néglige de le faire, et prendre rang parmi les autres créanciers du failli. Cette faculté que la loi lui concède étant dans son intérêt, elle ne perdra pas par ce fait le bénéfice du terme, si la dette qu'elle a cautionnée n'est pas encore exigible.

3° *Lorsque le débiteur s'est engagé à lui rapporter sa décharge dans un certain temps.* La caution n'a entendu s'engager que pour un certain temps ; elle ne pourrait donc, malgré elle, rester obligée au-delà du terme qu'elle a fixé. Elle sera, par conséquent, admise à demander sa décharge à l'échéance du terme, et le débiteur sera tenu de la lui procurer, soit en l'obtenant du créancier, soit en le payant immédiatement.

4° *Lorsque la dette est devenue exigible par l'échéance du terme sous lequel elle avait été contractée.* L'obligation de la caution ne pouvant durer plus longtemps que celle du débiteur principal, il est évident que la caution n'avait en vue lors de son engagement, et comme maximum de durée, que le terme fixé pour le paiement de la dette. Ce terme arrivé, elle pourra donc requérir sa libération, encore que le créancier accordât des délais au débiteur, car cette prorogation ne la libère pas. Or, elle peut craindre que le débiteur ne devienne insolvable d'ici au prochain terme, ou même avoir un intérêt personnel à ne pas rester plus longtemps engagée. Cette faculté d'exiger à l'échéance du terme son entière et complète libération, la loi la donne à la caution dans ce paragraphe ; elle la confirme et la complète dans l'article 2039.

5° *Au bout de dix années, lorsque l'obligation principale n'a pas de terme fixe d'échéance.* La caution a consenti à s'engager ; mais il n'est pas à supposer qu'elle ait voulu contracter un engagement perpétuel ; une telle interprétation serait trop rigoureuse. Le législateur, en cette circonstance, devait encore venir au secours de la caution et lui permettre, après un certain temps, de réclamer sa libération ; mais il ne pouvait cependant pas lui sacrifier entièrement les intérêts du débiteur. C'est dans le but de concilier les uns et les autres qu'il a établi le terme de dix ans ; par là, l'obligation de la caution cesse d'être indéfinie et le débiteur conserve le bénéfice du cautionnement pendant un temps suffisamment long.

Mais on ne devrait pas considérer comme illimités les cautionnements dont on ne pouvait déterminer le terme lors du contrat : dans ce cas, ils suivront le sort de l'obligation principale. La caution du tuteur ne serait donc pas admise à demander sa libération après dix ans; elle connaissait la nature de l'obligation qu'elle contractait lorsqu'elle s'est engagée, et si elle ne pouvait pas fixer d'avance le temps que durerait le cautionnement, elle pouvait du moins prévoir à quel moment, au plus tard, cesserait son obligation.

Section 3. — **Effets du cautionnement entre plusieurs co-fidéjusseurs.**

Art. 2033. Lorsque plusieurs personnes ont cautionné un même débiteur pour une même dette, la caution qui a acquitté la dette, a recours contre les autres cautions, chacune pour sa part et portion.

Mais ce recours n'a lieu que lorsque la caution a payé dans l'un des cas énoncés en l'article précédent.

Elles ont toutes cautionné le débiteur, toutes elles sont également engagées, il est donc naturel qu'elles supportent également le dommage résultant de l'insolvabilité du débiteur. Toutefois, la caution qui a payé, ne peut réclamer à chacune que sa part seulement ; la division s'opère ici de plein droit. Elle devra donc diviser la dette proportionnellement au nombre des co-fidéjusseurs, ne tenant compte que de ceux dont l'engagement est utile. La loi lui refuse ce recours, si elle s'est placée dans une des circonstances indiquées à l'art. 2031, circonstances que nous avons étudiées lorsque nous nous occupions du recours de la caution contre le débiteur.

CHAPITRE VI.

De l'extinction des obligations de la caution.

L'extinction de l'obligation principale entraîne, nécessairement, l'extinction du cautionnement. La caution pourra, par conséquent, invoquer à son secours toutes les défenses qui pourraient être employées par le débiteur principal. Il est bien entendu que nous ne voulons parler que des défenses réelles et non des défenses personnelles. Ainsi elle ne pourrait pas se prévaloir de l'exception de minorité du débiteur, car le mineur est tenu par un lien naturel; et quoique la loi civile consente à l'en dégager sur sa demande par un bénéfice tout personnel, ce lien n'en a pas moins une existence suffisante pour qu'un tiers puisse l'étendre jusqu'à lui ; s'il est nul, ce n'est que d'une nullité relative et personnelle, ce n'est que par suite d'un privilége attaché au fait seul de minorité, et ce privilége ne passe pas hors de la personne du mineur. Mais il n'en est pas de même quand l'exception est réelle, quand elle est foncière et qu'elle enlève à l'engagement ses éléments essentiels, il n'y a pas alors de cautionnement qui puisse le soutenir. Accorder le cautionnement, c'est valider indirectement la dette.

A part les causes communes d'extinction, il y en a qui sont particulières à la caution. C'est ainsi qu'elle serait libérée si, par le fait du créancier, les garanties de la dette principale venaient à diminuer; ce qui arriverait si le créancier avait fait remise au débiteur des hypothèques prises à l'époque du contrat, ou avait négligé d'en renouveler les inscriptions.

Quelle signification doit-on donner au mot *fait*, renfermé dans l'article 2037? La jurisprudence a été longtemps en désaccord sur ce point. Certains voulaient que cet article reçût son application rigoureuse, soit que la diminution des garanties provînt de la faute ou de la négligence seule du créancier ; d'autres restreignaient, au contraire, son effet au cas où la diminution des garanties provenait de sa faute. La première opinion a généralement prévalu, et aujourd'hui on déclare déchargée la caution dont la subrogation est devenue impossible par le fait du créancier, donnant pour interprétation au mot *fait*, action et omission d'action.

La caution est encore déchargée par suite de l'acceptation volontaire, faite par le créancier, d'un immeuble ou effet quelconque en paiement de la dette principale. Dès que la créancier a accepté ce mode de paiement, l'obligation de la caution cesse; elle ne pourrait donc plus être recherchée, alors même que le créancier viendrait à être évincé de l'objet reçu en paiement. On ne peut expliquer cette disposition de la loi, que par l'intérêt tout particulier qu'a inspiré la caution au législateur. Elle est en effet libérée et la dette n'est pas éteinte ; elle n'est pas éteinte, car le créancier n'est pas devenu propriétaire de la chose donnée en paiement : la dette renaît donc quand il est évincé, ou plutôt elle n'a jamais cessé d'exister, puisque le créancier n'avait consenti à sa remise qu'à cette condition.

Nous avons déjà examiné ce qui arriverait si le créancier accordait une prorogation de terme : il ne nous reste plus qu'à étudier les effets produits par la confusion.

La confusion peut provenir soit de la réunion des qualités de créancier et de caution sur la même tête, soit de celles de débiteur et de caution. Dans le premier cas, point de difficulté : le cautionnement cesse, il n'y a plus qu'un débiteur et qu'un créancier. Il n'en serait pas de même, si la confusion provenait de la réunion des qualités de caution et de débiteur : dans ce cas, ces deux personnalités devront demeurer distinctes toutes les fois qu'il y aura intérêt pour le créancier. Cet intérêt peut provenir, soit de ce que la dette est annulable, soit de ce que la caution s'est engagée plus rigoureusement que le débiteur : accorder au débiteur le bénéfice de la confusion, c'était porter atteinte aux droits légitimes du créancier.

Nous avons ainsi vu tout ce que le Code comprend dans son chapitre du Cautionnement ; nous devons cependant, en terminant, dire un mot d'une autre espèce de cautionnement particulier à certains fonctionnaires publics.

Le mot *cautionnement* n'est pas pris ici dans le sens que lui donne le titre du Code dont nous nous sommes occupés ; s'il dérive de la même origine, c'est-à-dire du mot générique *cautio*, il ne se rattache pas au même ordre d'idées. Ici, en effet, ce n'est plus une caution qui répond pour le fonctionnaire, c'est une somme qu'il doit verser à la caisse des dépôts et consignations : cette somme reste engagée jusqu'au jour où cessent ses fonctions. Son but est de garantir les créances qui pourraient résulter d'abus et prévarications commis par les fonctionnaires dans l'exercice de leurs fonctions. C'est donc sur ce fond de cautionnement que seront prises les sommes nécessaires à la libération du fonctionnaire ; il ne sera admis qu'à réclamer l'excédant, ce cautionnement devant du reste être retenu jusqu'à l'entière vérification de ses comptes.

QUESTIONS.

I. L'obligation d'une caution qui a garanti les engagements pris par un mineur en qualité d'héritier, cessera-t-elle si le mineur se fait restituer contre son acceptation ? — Oui.

II. Si la caution a été promise sans désignation du lieu où elle devra être domiciliée, doit-on appliquer l'art. 2018 au domicile du créancier ou à celui du débiteur? — A celui du créancier.

III. La caution d'un débiteur solidaire peut-elle demander la discussion de tous les co-débiteurs? — Oui.

CODE DE COMMERCE.

De la lettre de Change.

Son but, sa forme, ses effets.

Tous les auteurs qui ont écrit sur la lettre de change se sont demandés : quand et par qui elle avait été inventée ? Malgré de longues et nombreuses recherches, la solution de ces questions est jusqu'ici demeurée incertaine. On s'accorde, toutefois, à reconnaître que les peuples de l'antiquité n'eurent jamais l'idée de ce moyen pour faciliter l'échange de leurs marchandises ; les Romains auraient trop senti l'importance de cette découverte pour ne pas l'emprunter à ces peuples ; or, rien dans les nombreuses lois romaines ne peut nous faire supposer que la lettre de change fût en usage chez eux.

Son invention a été attribuée par quelques auteurs aux Juifs chassés de France par les rois ; c'est l'opinion de Savary. Il prétend qu'ils eurent recours à ce moyen pour retirer de France l'argent qu'ils y avaient laissé entre les mains de leurs amis. D'autres, au contraire, prétendent qu'elle nous vient des Guelphes expulsés de Florence par la faction des Gibelins (Ruby, *Histoire de la ville de Lyon*). Aucun de ces systèmes ne nous paraît renfermer la véritable solution. Si la lettre de change avait du naître à l'occasion de commotions politiques, on l'aurait vu surgir longtemps avant le moyen-âge chez les Grecs et les Romains, dont l'histoire nous offre l'exemple de fréquentes émigrations.

4

Reste une troisième opinion qui attribue cette origine au moyen-âge : Elle nous paraît plus probable que les deux autres. Trois causes principales, dont on ne retrouve à aucune autre époque l'action simultanée, nous semblent de nature à avoir contribué à sa formation et à ses développements. Ce furent : le besoin de masquer des intérêts usuraires condamnés par les lois canoniques ; les moyens imaginés pour suppléer à l'exportation du numéraire défendue par les princes ; et enfin la création de banques de dépôt destinées à contrebalancer l'altération des monnaies.

En partant du principe posé par les lois canoniques, que si le prêt à intérêt est prohibé quand l'intérêt est retiré simplement *pro usurâ pecuniæ*, il ne l'est pas quand l'argent prêté est exposé à un danger, *propter periculi pretium*, les capitalistes imaginèrent de faire naître un danger vrai ou faux dans toutes les opérations qui comprenaient implicitement un prêt. Ils supposaient des transports d'argent d'un lieu à un autre et faisaient ainsi rentrer le prêt à intérêt dans le prêt à la grosse aventure qui était autorisé par les lois : à l'aide de ce prêt à la grosse, fictif, ils parvinrent à faire produire à l'argent un intérêt souvent fort élevé. Ces transports étaient constatés par des lettres qui, modifiées, donnèrent naissance à la lettre de change. Les papes comprirent ces ruses et les déjouèrent en condamnant d'une manière générale tout gain fait en vertu du prêt de l'argent. Pour échapper à cette prohibition, les négociants imaginèrent une nouvelle espèce de contrat, le contrat de *commande*, et retrouvèrent ainsi tous les avantages que leur avaient fait perdre les défenses des papes. Ce contrat était formé par la réunion de trois autres contrats particuliers : par un premier, le capitaliste livrait ses fonds à un spéculateur ; par un second, il vendait les bénéfices éventuels qu'il devait en retirer ; par un troisième, enfin, il assurait moyennant une prime le capital prêté. La prohibition était ainsi encore une fois éludée, et les docteurs du droit canon, impuissants contre l'astuce des négociants, finirent par permettre les contrats qu'ils avaient d'abord frappés d'anathème. Dès-lors les transports fictifs d'argent purent avoir lieu sans aucune difficulté, et les lettres de change commencèrent à prendre une assez grande extension.

Les obstacles mis par les princes à l'exportation du numéraire contribuèrent aussi beaucoup au développement de la lettre de change. Cette prohibition gênait le commerce qui ne pouvait plus avoir lieu que par des échanges. Or, il arrivait le plus souvent que le négociant qui livrait ses marchandises n'avait nul besoin de celles qui étaient en la possession de son acheteur : de là de graves embarras. La création des banquiers eut pour but de venir au secours des négociants. Un négociant de Marseille devait-il une certaine somme à un négociant de Venise? il allait chez un banquier, lui comptait la somme, et celui-ci se chargeait de la faire parvenir au négociant de Venise. Pour cela il écrivait à son correspondant de Venise une lettre par laquelle il le priait de payer au négociant de Venise la somme qu'il avait reçue du négociant de Marseille. Cette lettre n'était autre chose qu'une lettre de change. Elle était ainsi conçue :

Marseille, janvier 13...

Dans trois mois de date, il vous plaira payer à M. P....., négociant à Venise, la somme de................. francs, que j'ai reçue comptant de M. L....., négociant à Marseille.

Signé : M....., banquier à Marseille.

à M. G.... , banquier à Venise.

Se fondant sur ce principe d'une loi romaine que l'écu métallique a plutôt une valeur fictive qu'une valeur réelle, les princes , dans les moments difficiles, avaient recours à l'altération des monnaies pour se libérer : par ce moyen ils arrivaient à payer leurs dettes, mais le peuple était appauvri. Les moyens que les commerçants employèrent pour s'opposer à cette altération contribuèrent beaucoup au développement de la lettre de change : ils eurent, en effet, pour résultat la création du papier monnaie qui a tant de rapport avec elle.

Telles sont les trois causes qui nous paraissent de nature à justifier l'opinion qui attribue l'origine de la lettre de change au moyen-âge. Nous allons maintenant essayer de déterminer le but qu'elle a été appelée à remplir.

Après que les causes qui lui avaient donné naissance eurent disparu, la lettre de change n'en continua pas moins à subsister ; mais elle changea de nature et de fonction. Elle est devenue, et c'est le caractère qu'elle revêt de nos jours, une sorte de papier-monnaie, une valeur destinée à élargir le crédit commercial, à le mobiliser en quelque sorte. Aujourd'hui que la fortune est tellement divisée, le commerce ne peut marcher qu'à l'aide du crédit, que seule la confiance vivifie. La lettre de change a été appelée à remplacer ce numéraire éparpillé dans tant de mains, et depuis longtemps elle y a admirablement réussi. C'est en un mot l'élément juridique qui a imprimé le plus de force au mouvement commercial. Elle dispense, en effet, de faire des transports d'argent d'un lieu à un autre, et par là évite non-seulement les lenteurs et les retards, mais encore les frais et les risques qui résulteraient de ce transport.

On peut définir la lettre de change : un acte en forme de lettre missive par lequel un individu mande à son correspondant de payer, en un lieu autre que celui où la traite est tirée, une certaine somme d'argent en échange d'une autre somme ou valeur reçue dans un autre lieu. Son emploi est devenu si fréquent dans le commerce, qu'il était nécessaire de la soumettre à certaines formes spéciales : ces formes, le législateur les indique dans les art. 110 et 111 du Code de Commerce. Mais avant de parcourir ces dispositions, nous donnerons un exemple de lettre de change.

Trois personnes interviennent nécessairement dans la lettre de change : *le tireur*, c'est celui qui la souscrit ; *le tiré*, c'est celui qui doit la payer ; *le preneur*, c'est celui au profit duquel elle est souscrite par le tireur. Le caractère de ces trois personnes étant connu, voyons de quelle manière elles vont intervenir. Supposons que V..., de Lyon, doive 10,000 fr. à P..., de Paris. P... a besoin de cette somme, il va alors trouver T..., banquier, demeurant à Paris, qui lui compte

immédiatement les 10,000 fr. dont il a besoin, à la condition que P...
s'engage à lui faire payer à Lyon, par V..., les 10,000 fr. que ce dernier lui doit. A cet effet, P... remettra à T..., une lettre de change
tirée sur V... Voici la forme de cette lettre de change :

Paris le 10 juin 1850   B. P. F. 10,000.

A trois mois de date, payez à M. T... ou à son ordre, la somme de
dix mille francs, valeur reçue comptant.

Signé P.....

A M. V..... négociant à Lyon, rue..... Nº.....

D'après l'art. 110 du Code de Commerce, la lettre de change doit :

1º *Etre tirée d'un lieu sur un autre*, c'est-à-dire souscrite dans un lieu
pour être dirigée sur un autre, où elle sera acceptée et payée. Cette
condition, à laquelle on ne peut aujourd'hui assigner de motifs sé-
rieux, est contraire à la pratique du commerce; aussi chaque jour des
lettres de change sont-elles tirées d'une ville sur la même ville,. au
moyen d'une supposition de lieux. La loi est ainsi éludée, et toute ré-
pression contre cette fraude devient impossible, justifiée qu'elle est par
l'usage de tous les commerçants. Par suite, l'étude des deux questions :
1º La lettre de change doit-elle être tirée d'une place de commerce sur
une autre place de commerce? 2º Quelle est la distance qui doit exister entre le lieu de la traite et celui du paiement? reste sans intérêt.

2º *Etre datée.* Sans cette date, comment reconnaître si le tireur
était capable au moment où il a souscrit la lettre? si, dans le cas
de faillite, elle n'a pas été faite en fraude des créanciers? Elle est
aussi utile dans certains cas pour déterminer l'époque de l'échéance ;
elle peut être payable, en effet, à plusieurs jours ou usances de son
émission, ou avec telle autre indication qui nécessite la connaissance
du jour où elle a été souscrite. Nous ne croyons pas cependant que
l'absence de date puisse entraîner la nullité de la lettre de change ;

pourquoi montrer tant de rigueur dans une matière où la fraude est si facile? Elle fait foi de sa date. Cette dérogation au principe que les actes sous seing-privé n'ont d'effet contre les tiers que du jour où ils ont acquis date certaine, était nécessaire en cette matière. Les embarras qu'occasionneraient ces formalités, enlèveraient au commerçant un des plus grands avantages des lettres de change : la rapidité dans l'opération.

3° *Enoncer la somme à payer.* On a l'habitude de répéter deux fois cette énonciation : en chiffres d'abord, en toutes lettres ensuite. La loi n'accorde pas plus de valeur à l'une qu'à l'autre; le juge devrait donc rechercher quelle est celle qui lui paraît vraie, si ces deux énonciations étaient en désaccord, et non ajouter plus de confiance, comme cela a lieu ordinairement, à celle écrite en toutes lettres; dans le doute, il donnera gain de cause au débiteur. Une lettre de change pourrait-elle porter que les intérêts seront payés jusqu'au jour de l'échéance? Certains auteurs se basant sur ce que la lettre de change, comme les espèces métalliques, doit avoir une valeur fixe, ont soutenu la négative. Cette objection ne nous paraît pas de nature à résoudre la question. L'intérêt étant fixé par la loi, on ne peut pas dire que la valeur de la lettre de change soit indéterminée par suite de cette stipulation.

4° *Enoncer le nom de celui qui doit la payer.* La désignation du tiré est essentielle. Comment, en effet, le porteur connaîtrait-il le domicile de la personne chez laquelle il devra se présenter pour recevoir le paiement? La lettre de change prend le nom de billet à domicile, lorsque le tireur et le tiré sont une seule et même personne. Les garanties du billet à domicile étant moindres que celles de la lettre de change, il est évident que celui auquel une lettre de change aura été promise, ne pourra être tenu d'accepter un billet à domicile.

5° *Indiquer l'époque et le lieu du paiement.* Le paiement d'une lettre de change devant être fait à une époque fixe et dans un lieu déterminé, on comprend l'utilité de cette indication. Mais qu'arriverait-il si l'époque n'avait pas été indiquée? Nous croyons que cette indication est essentielle ; la lettre cesserait donc de valoir comme lettre de change et n'aurait plus que la valeur d'un simple mandat donné au tiré de payer la somme indiquée. La date doit être précise ; on ne pourrait donc assigner, pour échéance , l'accomplissement d'un fait incertain.

6° *Indiquer de quelle nature était la valeur fournie.* Cette exigence peut être si facilement éludée, que l'on ne comprend pas pourquoi le législateur met cette indication au nombre des éléments essentiels de la lettre de change. En effet, pour satisfaire à l'injonction de la loi , les négociants emploient une cause fausse ou insignifiante et, par ce moyen, donnent une existence légale à un acte qui, sans cette énonciation, ne vaudrait pas comme lettre de change. Il est, du reste, admis par la jurisprudence, que la preuve de la fausseté de la cause ne peut être fournie contre le tiers porteur de bonne foi, et que l'accepteur de la lettre de change ne peut s'en prévaloir.

7° *Etre à l'ordre d'un tiers ou du tireur lui-même.* La clause à l'ordre n'existait pas dans le moyen-âge, elle est d'invention moderne. Primitivement, nous l'avons dit, quatre personnes figuraient dans la lettre de change : le débiteur, le banquier auquel la somme était comptée , le correspondant de ce banquier, celui enfin auquel le paiement devait être fait ; aujourd'hui ce nombre est restreint à trois. L'emploi de cette clause contribua beaucoup à donner de l'extension à la lettre de change , à cause de la facilité qu'elle ajoutait à sa circulation. Elle permet, en effet, de transmettre à un tiers la propriété de la lettre de change, ce tiers se trouvant par la simple voie de l'endossement substitué à tous les droits du cédant. La lettre de change peut être à l'ordre du tireur : dans ce cas, elle ne devient réellement lettre de change, qu'à partir du premier endossement ou de l'acceptation du tiré ; jusque-là, ce n'est qu'un simple projet, car le tireur pourrait la détruire, sans que personne eût à en souffrir.

8° *Exprimer si elle est par première , deuxième , troisième , etc.* L'étude de ce paragraphe nous entraînerait hors de notre sujet, nous

constaterons donc simplement que dans certains cas on émet plusieurs exemplaires d'une même lettre de change ; tantôt c'est pour ne
pas retarder la circulation d'une traite envoyée à l'acceptation, tantôt
c'est pour éviter les risques d'un voyage long et dangereux. Dans l'un
et l'autre cas, la formule générale de la lettre de change doit être mo-
difiée ; elle doit mentionner si elle est par premier, deuxième, troisième, etc., exemplaire.

Ordinairement, celui qui tire une lettre de change la tire pour son
compte ; l'art. 111 s'occupe du cas où le tireur agit pour le compte
d'autrui. Le tireur prend alors le nom de tireur pour compte, et celui
pour le compte duquel la lettre de change est tirée, reçoit le nom de
donneur d'ordre ou d'ordonnateur. Cette négociation a lieu, par exemple, dans le cas suivant : P..... de Tonlouse, après avoir chargé S.....
de Paris, de lui acheter des marchandises, lui dit de tirer pour avoir
son paiement sur T....., de Marseille, chez lequel, lui P....., a un crédit ouvert. Dans ce cas, la lettre de change prend une forme spéciale.
L'art. 115 indique quelle est l'étendue de l'obligation du tireur pour
compte d'autrui, soit à l'égard de celui sur qui la lettre de change est
tirée, soit à l'égard du preneur, soit à l'égard des endosseurs. L'examen de ces différentes questions ne rentrant pas dans notre matière,
nous nous bornerons à dire que la provision faite par celui pour le
compte duquel la lettre a été tirée, ne libère pas le tireur, ni envers les
endosseurs ni envers le preneur.

Nous avons ainsi parcouru les différentes formes de la lettre de
change : l'art. 112 a été rédigé dans le but d'en présenter la sanction ;
mais il suffit de le lire attentivement, pour se convaincre qu'il n'a aucune portée. Il dispose que toute supposition de nom, de qualité, de
domicile, de lieu d'où la lettre de change est tirée ou dans lequel elle
doit être payée, la fait dégénérer en simple promesse. En examinant
les divers cas qui peuvent se présenter, on voit facilement que tantôt
elle a toute sa valeur, et tantôt elle n'en a aucune ; mais que jamais
elle ne cesse de valoir comme lettre de change, pour devenir simple
promesse.

QUESTIONS.

I. L'échéance d'une lettre de change pourrait-elle être fixée au décès d'une personne, ou à l'évènement d'une condition ? — Non.

II. La valeur que doit toucher le porteur, doit-elle être nécessairement une somme d'argent ? — Oui.

III. L'endossement, lorsque la lettre est à l'ordre du tireur, peut-il être daté du lieu même où elle est payable ? — Non.

DROIT ADMINISTRATIF.

De la compétence administrative et judiciaire en matière de chemins vicinaux.

La séparation des pouvoirs administratif et judiciaire étant d'ordre constitutionnel, il est évident qu'en cette matière comme dans toutes les autres, aucun de ces pouvoirs ne pourra se permettre ni autoriser aucune dérogation à l'ordre des juridictions. Ces compétences sont déterminées par les lois ou par la nature des matières en litige ; dans l'un et l'autre cas, les limites tracées sont rigoureuses.

Nous avons à faire l'application de cette division de compétence à la matière des chemins vicinaux et par conséquent deux questions à traiter : Quand y a-t-il compétence administrative ? Quand y a-t-il compétence judiciaire ? La formule du contentieux, *intérêt spécial émanant d'un intérêt général discuté, en contact avec un droit privé*, nous servira à résoudre la première ; nous trouverons la solution de la seconde, dans cette proposition générale : il appartient aux tribunaux judiciaires de connaître de toute question qui ne peut être résolue que par les moyens du droit civil.

Les chemins vicinaux sont les chemins que le Préfet a déclarés nécessaires à la généralité des habitants d'une ou de plusieurs communes : cette déclaration est très importante, elle fait rentrer le sol de ces chemins dans le domaine public communal, et le rend, par ce fait, imprescriptible ; elle met en outre son entretien à la charge des communes dont il dépend.

Le pouvoir judiciaire est dans tous les cas incompétent pour faire cette déclaration. Par cette déclaration, en effet, il ferait un acte d'administration ; or, ces sortes d'actes ne peuvent émaner que du pouvoir qui administre. Cette incompétence est absolue ; si donc il se présentait dans le courant d'une affaire un incident du domaine du pouvoir administratif, l'instruction judiciaire devrait s'arrêter et le tribunal devrait attendre pour prononcer la solution administrative.

Le pouvoir judiciaire ne pourrait pas non plus ordonner des expertises dont le but serait de constater les différents points de largeur d'un chemin vicinal, afin d'apprécier par lui-même si le propriétaire riverain a empiété dans ses constructions. Aux Préfets seuls a été donné qualité pour déclarer la largeur des chemins, aux conseils de préfecture pour établir s'il y a eu contravention.

Il serait également incompétent pour réintégrer les particuliers dans la propriété des chemins déclarés. La déclaration de vicinalité a en effet pour résultat de rendre les chemins imprescriptibles et inaliénables. (Loi du 21 mai 1836, art. 10.)

Il n'a pas non plus qualité pour ordonner le redressement ou l'ouverture d'un chemin vicinal. Le préfet seul peut par un arrêté prendre de pareilles mesures. (Loi du 21 mai 1836, art. 16.)

Au pouvoir administratif, enfin, est attribué le droit de prendre telles dispositions qu'il croit utiles à la sécurité de tous. Ainsi un fossé est-il pratiqué sur un chemin, l'autorité supérieure peut ordonner qu'il soit comblé immédiatement et déclarer la vicinalité de ce chemin ; le délinquant ne pourrait, en se prétendant propriétaire, empêcher cette déclaration.

Un mur est-il construit, une haie est-elle plantée, un travail quelconque, enfin, est-il fait sur le bord d'un chemin, l'autorité peut ordonner que les lieux soient remis dans leur état antérieur et que le chemin reprenne la largeur qu'il avait précédemment : ces déclarations ne préjugent du reste en rien la question de propriété.

Les conseils de préfecture sont spécialement chargés de régler les indemnités qui devront être allouées aux propriétaires des terrains sur lesquels auront été faits des dépôts de matériaux ou de terre, suivant autorisation du Préfet. (Loi du 21 mai, 1836, art. 17.)

Ils statuent sur les anticipations pratiquées sur les chemins vicinaux régulièrement classés.

Les conseils généraux règlent tous les ans, sur les propositions des conseils d'arrondissement, la valeur des journées dans les diverses communes : cette détermination sert à transformer en argent les prestations en nature nécessitées, dans certains cas, pour l'entretien des chemins vicinaux par l'insuffisance des ressources communales. Ici, comme en matière de contributions directes, les réclamations devraient être portées devant l'autorité administrative, le pouvoir judiciaire ne serait admis à en connaître dans aucun cas.

Le pouvoir administratif est donc spécialement chargé de statuer sur tout ce qui a pour but, l'entretien, le redressement, l'ouverture ou la reconnaissance des chemins vicinaux ; il prend telles mesures qu'il croit nécessaires, ordonne tels ou tels travaux, mais ne considère jamais qu'une chose, l'intérêt public.

Ces différentes mesures entraînent souvent, on le comprend, des réclamations de la part des propriétaires qui se prétendent lésés par les arrêtés préfectoraux : une question de propriété est donc à résoudre, son examen rentre naturellement dans le domaine du pouvoir judiciaire.

L'autorité administrative a ordonné la démolition d'un mur comme empiétant sur un chemin vicinal : le riverain prétend-il que le sol sur lequel il a construit lui appartient? les tribunaux auront à rechercher si cette prétention est fondée, et dans ce cas ils constateront quelle quantité de terrain a été enlevée au propriétaire et quelle est la valeur de ce terrain : mais là se borne le pouvoir des tribunaux, ils ne pourraient donc ordonner la réintégration du propriétaire.

Il en serait de même, si les réclamations provenaient de la détermination d'un alignement ou de toute autre mesure qui portât atteinte aux droits d'un riverain.

Les tribunaux prononcent encore les dommages et intérêts résultant de l'exécution d'un arrêté du Conseil de Préfecture, qui a incompétemment déclaré public un chemin non inscrit ou reconnu. (Ord. du 1er septembre 1819. Piquegny.)

Dans le cas d'ouverture ou de redressement d'un chemin vicinal et lorsqu'il y aura lieu de recourir à l'expropriation, un jury spécial composé de quatre jurés règle les indemnités. Le tribunal d'arrondissement, en prononçant l'expropriation, désignera pour présider ce jury l'un de ses membres ou le juge de paix du canton. Ce magistrat aura voix délibérative en cas de partage. (Art. 16. Loi du 21 mai 1836.)

L'expropriation pour cause d'utilité publique étant le seul moyen constitutionnel de priver un citoyen de sa propriété immobilière, ce mode de procéder devra être employé dans tous les cas d'ouverture d'un chemin vicinal, et même dans ceux de redressement, toutes les fois que ce redressement entraînera la dépossession d'une propriété particulière. Le propriétaire se trouverait autrement exproprié par un simple arrêté du préfet et sans avoir fourni ses contredits. (Arrêt de la C. C., 21 août 1838.)

Interpréter autrement l'art. 16 de la loi du 21 mai 1836, c'est permettre au Préfet de changer, d'une manière arbitraire, la direction d'un chemin vicinal. Mais l'expropriation ne serait pas nécessaire, si le redressement n'avait pour but que de réunir au chemin une partie du sol privé, et, par suite, les juges de paix seraient compétents pour fixer l'indemnité.

La procédure d'expropriation se divise en deux parties distinctes, dont l'une appartient à l'autorité administrative, l'autre à l'autorité judiciaire. Le pouvoir administratif est chargé de tout ce qui précède l'expropriation ; le pouvoir judiciaire, de tout ce qui suit. Après avoir rempli les formalités requises, le Préfet rend un arrêté déclarant d'utilité publique l'ouverture du chemin vicinal ; cet arrêté est alors transmis au tribunal qui doit prononcer l'expropriation. Quel est le rôle de ce tribunal ? Il doit simplement constater si les formalités prescrites ont été remplies, et non discuter l'utilité du chemin, ni rechercher la validité, la régularité, l'opportunité d'aucun des actes administratifs qui lui sont soumis.

C'est aux tribunaux de simple police qu'appartient la juridiction répressive en matière de petite voirie. L'art. 479, n° 11, du Code Pénal, punit d'une amende de 11 à 15 francs ceux qui auront dégradé ou détérioré les chemins publics ou usurpé sur leur largeur. Il suit de là, qu'en cas d'anticipation il faut se pourvoir devant deux juridictions différentes pour la réintégration du sol et l'application de l'amende. Au tribunal administratif appartient l'action civile ; au tribunal judiciaire, l'action pénale.

QUESTIONS.

I. Les *Conseils* de préfecture pourraient-ils condamner les voituriers à réparer les dommages causés par un simple usage ? — Non.

II. Le recours formé au Conseil d'Etat par un prévenu contre une décision administrative qui déclare un chemin vicinal, oblige-t-il les tribunaux à surseoir ? — Non.

III. Lorsque les riverains se prétendent propriétaires de tout ou partie du chemin, les tribunaux doivent-ils prononcer sur cette question de propriété, avant que les Conseils de préfecture n'aient statué sur le fait d'anticipation ? — Non.

Vu par le président de la Thèse,

Gustave BRESSOLLES.

Cette Thèse sera soutenue le 4 août 1862.

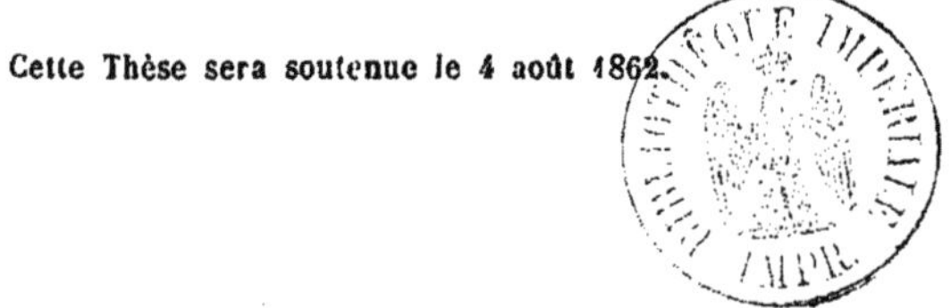

Toulouse. imprimerie JEAN PRADEL ET BLANC, place de la Trinité, 12.